DANS LA MÊME COLLECTION :

L'Univers, ce qu'on ne sait pas encore
Anna Alter avec Hubert Reeves, illustré par Églantine Ceulemans

La reproduction, ce qu'on ne sait pas encore
Anna Alter avec Henri Gouyon, illustré par Charlotte Des Ligneris

Les gènes, ce qu'on ne sait pas encore
Anna Alter avec Axel Kahn, illustré par Ewen Blain

De quels atomes sommes-nous faits ? La matière ce qu'on ne sait pas encore
Anna Alter avec Etienne Klein, illustré par Thanh Portal

Qui sont nos ancêtres ? Grands singes hommes, ce qu'on ne sait pas encore
Anna Alter avec Brigitte Senut, illustré par Caroline Hüe

Sur quelle planète bleue ai-je atterri ?
Climat, mer, Terre, atmosphère, ce qu'on ne sait pas encore
Anna Alter avec Hervé Le Treut, illustré par Lucie Maillot

Les dinosaures, ce qu'on ne sait pas encore
Anna Alter avec Ronan Allain, illustré par Benoît Perroud

Le Soleil et son système, ce qu'on ne sait pas encore
Anna Alter avec Hubert Reeves, illustré par Benoît Perroud

PHOTO DE COUVERTURE : © Laurent Giraudou/Opale/Leemage

CONCEPTION GRAPHIQUE ET MISE EN PAGES :
Natacha Kotlarevsky

ISBN : 978-2-7465-1085-2
170 bis, boulevard du Montparnasse
75680 Paris cedex 14
www.editions-lepommier.fr

La pâte à papier utilisée pour la fabrication du papier
de cet ouvrage provient de forêts certifiées et gérées durablement.
Imprimé en France par SEPEC à Péronnas
N° d'imprimeur : 07012170401 - Dépôt légal : mai 2017
N° d'édition : 74651085

IMPRIM'VERT®

sur les épaules
des savants

À l'école des animaux,
ce qu'on ne sait pas encore...

Anna Alter avec Boris Cyrulnik
illustré par Catherine Cordasco

Éditions
Le Pommier

CHAPITRE 1

Sensibilité

Bonheur, tristesses ne sont pas réservés aux humains.
Les baleines se caressent les nageoires pour se faire du bien.
Les mamans poules s'inquiètent pour leurs petits poussins.
Les émotions fortes se lisent dans le cerveau des animaux.
Sur les images, on voit leurs plaisirs, leurs bobos.
Les animaux connaissent de grandes douleurs,
Mais aussi des petites joies, des grosses frayeurs.
Même la mouche manifeste des signes de peur.
Mais quelle est la vraie nature de leurs sentiments ?
En quoi sont-ils véritablement différents ?
On ne le sait pas encore exactement...

Bonheur, tristesses ne sont pas réservés aux humains, les animaux éprouvent aussi du bien-être, du chagrin... et de l'amour. Même s'ils n'arrivent pas à mettre de mots sur leurs sentiments, ils les expriment par les yeux, les gestes, les jappements, les roucoulements. Il faut être aveugle comme nous l'avons été pendant des siècles pour ne pas voir leur plaisir, leur angoisse, leur détresse. Nous commençons seulement à les voir du bon œil.

Les baleines se caressent les nageoires pour se faire du bien, du moins c'est ce que l'on imagine en les voyant se faire des papouilles dans l'eau. Elles communiquent en utilisant beaucoup de sons différents. Le chimpanzé s'exprime avec des grimaces, ses goûts ou ses dégoûts ne peuvent pas nous échapper. Le grand naturaliste anglais, Charles Darwin avait déjà observé que les animaux ne sont pas des machines.

Les mamans poules s'inquiètent pour leurs petits poussins, en cas de danger, elles émettent des gloussements particuliers. Elles apprécient la compagnie et passent du temps dans la basse-cour à caqueter avec leurs copines. Les bains de soleil leur procurent un plaisir visible, elles font leur toilette, ferment leurs mirettes et s'endorment. En enregistrant les signaux électriques qui traversent leurs cervelles d'oiseaux, on voit qu'elles rêvent. À quoi ? On ne sait pas encore... Le chien, lui, ça saute aux yeux partage l'humeur de son maître. Si son propriétaire est joyeux, l'animal gambade, aboie, mais s'il flaire un chagrin, il ne bouge pas et tremble en se terrant dans un coin...

Les émotions fortes se lisent dans le cerveau des animaux, aussi bien au niveau des neurones qu'en analysant les substances produites au moment où ils sont heureux ou malheureux. C'est dans la tête que se trouve le moteur des joies et des peines.
Tous les mammifères fabriquent à l'intérieur de leur crâne des petites molécules qui les mettent de bonne humeur ou les plongent dans l'angoisse.

Sur les images on voit leurs plaisirs, leurs bobos ; on peut en effet filmer en couleurs ce qui se passe à l'intérieur de leur cerveau pendant que les animaux s'agitent, souffrent, rêvent... On observe comment fonctionnent leurs neurones mais on ne voit pas ce qu'ils pensent. Les baleines à bosse, les orques, les rorquals, les cachalots sont des grosses bêtes qui ont des « neurones en fuseau » qui ressemblent à ceux que nous, humains, utilisons dans nos relations, notamment dans l'amour et l'empathie.

Mais aussi des petites joies, des grosses frayeurs,
certains les montrent timidement, d'autres bruyamment, tout dépend des espèces et des individus. On croit connaître les émois de nos animaux domestiques. Le chien heureux remue la queue, le chat ronronne quand il est content, mais aussi lorsqu'il souffre. C'est dans les deux cas un ronron de petit qui demande à être materné. Ces comportements des animaux ne sont pas toujours faciles à décoder, mais il semble que les bisons mugissent de plaisir en dévalant des pentes neigeuses, que les rats rient aux éclats lorsqu'on les chatouille et que les éléphants remuent les oreilles et grondent de satisfaction en rencontrant des vieilles connaissances dans un troupeau. Un animal qui a peur est paralysé, tremble, son cœur s'emballe, ses poils se dressent et il n'arrive pas toujours à fuir à temps le danger.

Même la mouche manifeste des signes de peur,
si on met une ombre sous ses gros yeux, elle s'envole, paniquée. Les chercheurs ont fait de nouvelles expérimentations sur les insectes pour déterminer leur degré d'émotion
Pour le reste de la faune, c'est clair, tous ont un ressenti.

Mais quelle est la vraie nature de leurs sentiments ?

Les scientifiques qui étudient le monde animal
ne sont pas tous d'accord, ils ont peur d'attribuer
aux animaux des émotions humaines,
d'analyser leurs comportements en fonction des nôtres,
de mal interpréter leurs réactions.

En quoi sont-ils véritablement différents ?
la frontière entre les animaux et nous est encore floue,
mais mieux cerner leurs émotions permet
aussi de connaître plus précisément les nôtres,
savoir ce qu'il y a d'animal en nous.

On ne le sait pas encore exactement, on n'arrive pas
à placer la barrière qui nous sépare des animaux...

Boris Cyrulnik

Pour Boris Cyrulnik, sans les animaux,
le monde ne serait pas humain.
À douze ans, il se promenait déjà
avec un livre de psychologie animale
dans la poche, s'émerveillait devant l'organisation d'une fourmilière,
s'intéressait aux naturalistes. Quand il est devenu grand,
il a fait médecine, s'est spécialisé en psychiatrie et il a découvert
l'éthologie, c'est-à-dire l'étude comparative des comportements
des différentes espèces animales, y compris la nôtre,
ce qui était encore très mal vu. En homme libre, il s'est penché
sur l'intelligence des bêtes, dans la nature et en captivité.
Toute sa vie, il a cherché à comprendre ce que les animaux
peuvent nous apprendre sur nous.

Mais aussi des petites joies, des grosses frayeurs,
certains les montrent timidement, d'autres bruyamment, tout dépend des espèces et des individus. On croit connaître les émois de nos animaux domestiques. Le chien heureux remue la queue, le chat ronronne quand il est content, mais aussi lorsqu'il souffre. C'est dans les deux cas un ronron de petit qui demande à être materné. Ces comportements des animaux ne sont pas toujours faciles à décoder, mais il semble que les bisons mugissent de plaisir en dévalant des pentes neigeuses, que les rats rient aux éclats lorsqu'on les chatouille et que les éléphants remuent les oreilles et grondent de satisfaction en rencontrant des vieilles connaissances dans un troupeau. Un animal qui a peur est paralysé, tremble, son cœur s'emballe, ses poils se dressent et il n'arrive pas toujours à fuir à temps le danger.

Même la mouche manifeste des signes de peur,
si on met une ombre sous ses gros yeux, elle s'envole, paniquée. Les chercheurs ont fait de nouvelles expérimentations sur les insectes pour déterminer leur degré d'émotion
Pour le reste de la faune, c'est clair, tous ont un ressenti.

Mais quelle est la vraie nature de leurs sentiments ?

Les scientifiques qui étudient le monde animal
ne sont pas tous d'accord, ils ont peur d'attribuer
aux animaux des émotions humaines,
d'analyser leurs comportements en fonction des nôtres,
de mal interpréter leurs réactions.

En quoi sont-ils véritablement différents ?
la frontière entre les animaux et nous est encore floue,
mais mieux cerner leurs émotions permet
aussi de connaître plus précisément les nôtres,
savoir ce qu'il y a d'animal en nous.

On ne le sait pas encore exactement, on n'arrive pas
à placer la barrière qui nous sépare des animaux…

Boris Cyrulnik

Pour Boris Cyrulnik, sans les animaux,
le monde ne serait pas humain.
À douze ans, il se promenait déjà
avec un livre de psychologie animale
dans la poche, s'émerveillait devant l'organisation d'une fourmilière,
s'intéressait aux naturalistes. Quand il est devenu grand,
il a fait médecine, s'est spécialisé en psychiatrie et il a découvert
l'éthologie, c'est-à-dire l'étude comparative des comportements
des différentes espèces animales, y compris la nôtre,
ce qui était encore très mal vu. En homme libre, il s'est penché
sur l'intelligence des bêtes, dans la nature et en captivité.
Toute sa vie, il a cherché à comprendre ce que les animaux
peuvent nous apprendre sur nous.

Il a contribué à faire entendre leur voix, pesant de tout son poids pour qu'on finisse par les reconnaître en 2015 comme des « êtres vivants doués de sensibilité ». On ne pouvait pas continuer à les traiter comme des choses alors qu'on en découvre tous les jours sur eux. Aujourd'hui, en montant sur ses épaules, tu vas voir les limites de nos connaissances… Peut-être que plus tard tu voudras marcher dans les pas de Boris et aider à reconnaître la part animal en nous, la part humaine en eux.

Chapitre 2

Apprentissage

Les oiseaux dans leurs nids, les ours dans les tanières,
Tout le monde doit apprendre les bonnes manières.
Les singes sages écoutent leur maman,
Ils cassent des noix en la mimant.
La politesse, les rituels, exigent un apprentissage,
Il faut s'y plier dès le plus jeune âge.
Inutile de chercher la petite bête.
On ne peut pas en faire qu'à sa tête,
Sinon on risque de prendre une "raclée",
Et du groupe on est vite chassé...

Les oiseaux dans leurs nids, les ours dans les tanières, chacun à sa façon prend des leçons Depuis la naissance en regardant sa maman, le petit veut, en général, l'imiter. Il fait des essais et des erreurs.

Tout le monde doit apprendre les bonnes manières. Chaque espèce animale a les siennes, qui dépendent du milieu dans lequel elle vit. Au sommet d'un arbre ou dans le ruisseau, on ne se conduit pas pareil.

Les singes sages écoutent leur maman. Elle leur apprend à grimper aux arbres et un tas de petits trucs très utiles dans la vie. Les jeunes chimpanzés l'observent puis imitent ses gestes.

Ils cassent des noix en la mimant,
leur maman chimpanzé. Il leur faut beaucoup de temps, pratiquement cinq ans pour arriver à ne pas se taper sur les doigts. La technique du « casse-noix » n'est utilisée que dans trois communautés dans le monde : en Côte d'ivoire, au Cameroun et en Nouvelle Guinée, et encore pas par tous ! Les singes sont plutôt habiles de la main gauche, mais certains individus ne parviennent jamais à manier les cailloux.

La politesse, les rituels exigent un apprentissage,
même dans la jungle, les animaux ne font pas ce qu'ils veulent. Ils ne se conduisent pas comme des cochons, ils prennent des leçons.

Il faut s'y plier dès le plus jeune âge, mais dans les ruisseaux, les mers, les océans, les poissons ont rarement la chance d'avoir des parents pour s'occuper de leur éducation. Ils sont, pour la plupart, obligés de se débrouiller seuls depuis la naissance en copiant sur leurs voisins. Ils vivent souvent en groupe, ils utilisent la vue, les ouïes, l'odorat, et se reconnaissent entre eux, notamment à la voix.

Les Cichlidés, de petits poissons d'eau douce, sont une exception. Chez eux, la maman et le papa peuvent à tour de rôle couver les œufs dans leur bouche et continuent, tous les deux, à surveiller des yeux leurs petits, longtemps après l'éclosion.
Dans cette famille, la palme revient à l'Oscar, très populaire dans les aquariums. Ce poisson à grosses lèvres, originaire d'Amérique du Sud, apprend très vite, on le compare même au chien ! Il y a toutefois de très grandes différences de caractères entre les individus de cette espèce : les uns restent dans leur coin, pratiquement sans bouger, alors que d'autres surdoués adorent être en société.

Inutile de chercher la petite bête, on doit faire comme tous les membres de son espèce, bien les regarder et les copier. La maman guépard apporte d'abord à ses petits une proie encore vivante pour qu'ils s'exercent à la chasse.

On ne peut pas en faire qu'à sa tête,
petites et grandes bêtes doivent apprendre à bien se tenir dans les montagnes, la forêt ou la mer.
La pieuvre ou le calmar, sont des mollusques qui portent, autour de leur crâne mou, une couronne de tentacules avec des ventouses. Ces proches cousins des huîtres et des moules ont des capacités surprenantes qui varient suivant leur genre. Des pieuvres de la Méditerranée ont passé des tests qui ont permis de mesurer leurs incroyables facultés d'apprentissage.
Placées à deux dans un aquarium à Naples, l'une devait choisir entre une boule blanche et une boule rouge, l'autre la regardait simplement faire.
Quand la première choisissait la boule blanche, elle recevait une récompense, quand elle prenait la rouge, elle avait une désagréable décharge électrique.
Très vite, elle a su choisir la blanche, celle qui lui procurait du plaisir. Plus étonnant, la seconde a compris en l'observant et a choisi la blanche immédiatement.

Sinon on risque de prendre la raclée, on doit obéir au chef pour faire partie de la bande. Les animaux ne sont pas très tolérants, ils ne supportent pas des individus qui se comportent différemment dans leur groupe.

Et du groupe on est vite chassé, si on se fait un peu trop remarquer... Mais les bêtes se rendent-elles compte qu'elles éduquent leurs petits ?
Et nous, humains, sommes-nous parfois comme les animaux dans nos relations parents-enfants ?
Les chercheurs de tous poils se posent ce genre de questions, mais n'ont pas de réponses satisfaisantes pour l'instant.

Boris Cyrulnik

Les animaux doivent apprendre. Quoi ?
On ne sait pas encore exactement, mais en observant leurs comportements on voit bien qu'ils ont des règles de politesse, des rituels, des interdits qui dépendent de leur rang dans la hiérarchie, s'ils sont garçon ou fille, et surtout de leur espèce.
Dans la plupart des cas, on ne connaît pas le papa, il y a plusieurs candidats, et c'est la maman qui s'occupe toute seule des enfants.
C'est elle qui va leur apprendre à se tenir en société.
Il est indispensable de s'intégrer dès le plus jeune âge dans le groupe.
Car si on ne se conduit pas bien, on en est chassé et on se retrouve sans protection, abandonné au milieu de la jungle, la campagne ou la ville. Un animal isolé dans un milieu hostile n'a pas beaucoup de chance de survivre. À moins de se trouver une place en se faisant tout petit dans une autre communauté, il ne peut pas subvenir à ses besoins et meurt de faim, ou se fait dévorer.

Chapitre 3

L'attachement...

Chez les oies cendrées, le biologiste l'a observé,
Les poussins en sortant de l'œuf vont s'attacher
Au premier objet qu'ils voient bouger,
À la première personne vue
Au premier torchon venu...
Les oiseaux comme les mammifères,
À la naissance ont besoin d'une mère.
Perroquets, dauphins, chiens, humains,
Nous devons tisser des liens
Et compter aux yeux de quelqu'un
Pour survivre et se sentir bien.

Chez les oies cendrées, le biologiste l'a observé,
les petits ont besoin de s'attacher à la naissance
pour plonger dans la vie, s'ébattre dans les prairies,
nager dans les mares et se mettre à l'abri de l'ennemi.

Les poussins en sortant de l'œuf vont s'attacher à la mère oie.
Il restent dans ses pas, la suivent partout, et trottent sans arrêt derrière elle.
Un lien invisible les unit à la maman jusqu'à ce qu'ils deviennent grands.
Seulement, si en venant au monde ils ne la trouvent pas,
ils se raccrochent à n'importe qui, et même à n'importe quoi !

Au premier objet qu'ils voient bouger,
les poussins sont capables de s'attacher comme si c'était leur mère. Un ballon coloré, c'est gagné, les jeunes oies lui courent après.

À la première personne vue, les oisons se lient sans façon et Konrad Lorenz leur a servi plus d'une fois de parent d'adoption. Les petits suivaient le zoologiste partout et quand il leur présentait leur vraie maman, ils ne s'y intéressaient pas. Trop tard, ils avaient établi une relation avec lui, pas avec elle.

Au premier torchon venu, les oiselets en duvet peuvent aussi se cramponner comme à leur mère oie. Pourvu qu'il soit agité devant leurs yeux quand ils cassent la coquille d'œuf, ils le prennent pour leur maman et le suivent... Chez eux, c'est bien le premier objet vu à la naissance qui laisse une empreinte.

Les oiseaux comme les mammifères
naissent « sous le signe du lien ».

À la naissance ont besoin d'une mère,
d'un père, d'un adulte bienveillant ou d'un objet rassurant.
Les animaux comme les humains peuvent difficilement
se passer d'une figure apaisante au-dessus du nid
ou du berceau pour se sentir bien dans leur peau
et explorer le monde nouveau qui les attend.

Perroquets, dauphins, chiens, humains,
nous avons tous besoin d'aide pour bien démarrer dans la vie.

Nous devons tisser des liens, l'important c'est d'aimer.
Il y a un temps pour naître et un temps pour s'attacher
mais une fois la « période sensible » dépassée c'est difficile.
Chez les canetons, la période pour nouer une relation maternelle
se situe entre la 13e et la 17e heure, avant c'est trop tôt,
après trop tard. Chaque espèce a son rythme,
on ne peut pas apprendre n'importe quoi, n'importe comment,
à n'importe quelle vitesse, ni se lier à quelqu'un n'importe quand.

Et compter aux yeux de quelqu'un vous donne une assurance pour le reste de l'existence. Toi tu as commencé à avoir des liens avec ta maman avant ta naissance. Tes frères et sœurs aussi, votre histoire d'amour a débuté dans son ventre et se poursuit tout au long de la vie. On ne sait pas encore exactement comment.

Pour survivre et se sentir bien,
c'est sûr, un enfant doit pouvoir se blottir sous l'aile protectrice d'une grande personne. De six mois à deux ans, il développe une relation forte avec un ou des adultes qui prennent soin de lui en permanence et le sécurisent. Ensuite, il est armé pour affronter le monde. Il sait vers qui se tourner s'il tombe sur un obstacle ou un danger.

Boris Cyrulnik

Un bébé se regarde d'abord dans le regard des autres. Et cette image de soi dans le regard de l'autre, en général la maman, provoque un sentiment qui s'imprime dans son cerveau. Quels que soient les parents, à dix mois l'enfant a acquis son « style affectif ». Si tout va bien, il a confiance en lui et multiplie les interactions avec le monde.
Sécurisé, il est facile à aimer, facile à aider, facile à vivre.
Mais si sa maman ou celle qui la remplace est malheureuse, il s'adapte à son malaise et devient centré sur lui-même, incapable de s'intéresser aux autres, il panique tout seul.
On sait très bien comment rattraper ce retard raté, en proposant une nouvelle niche affective, comme des bras rassurants, et le trouble commence à se dissiper dès les premiers jours.

Chapitre 4

Le langage

Les abeilles ne se contentent pas de bourdonner,
Les chameaux de blatérer, les canards de cancaner.
Les animaux s'expriment par leurs cris, leurs chants.
Les oiseaux s'avertissent du danger en gazouillant,
Les singes se disent plein de choses en hurlant,
Les éléphants communiquent par des barrissements.
Un chef, dans un troupeau, on l'entend.
Il peut émettre plus de cent sons différents.
Plus on les écoute, plus on les comprend,
Mais nous seuls avons droit à la parole
Et nous nous posons des questions sur son rôle,
Sa naissance ou encore le sens des mots.

Les abeilles ne se contentent pas de bourdonner, elles dansent aussi ! Les plus expérimentées s'en vont butiner au loin et, de retour à la ruche, transmettent du bout des ailes des messages aux plus jeunes, qui les attendent pour partir à la recherche de nourriture. Le zoologue autrichien Kar Van Frisch a compris le premier que les bzzz bzzz, qu'elles font en tourbillonnant, ont un sens, ils indiquent la direction et la distance des fleurs qui contiennent le nectar et le pollen indispensables pour fabriquer le miel. Les éclaireuses donnent aussi aux suiveuses des informations précieuses sur l'odeur, l'abondance, la richesse en sucre des plantes, mais les préviennent également s'il n'y a plus rien à récolter.

Les chameaux de blatérer, les canards de cancaner,
les uns crient dans le désert, les autres poussent leur coin-coin au milieu de la basse-cour et, même si personne ne les comprend, tous les animaux ont un mot qui traduit leurs cris et chuchotements dans notre langue.

Les animaux s'expriment par leurs cris, leurs chants.
On a longtemps pris les mugissements, les murmures, les mélodies pour de simples bruits, mais on a finalement compris qu'ils communiquaient entre eux... Les chercheurs essaient maintenant de décoder leurs messages.

Les oiseaux s'avertissent du danger en gazouillant.
Ils ne chantent pas pour le plaisir, mais pour reconnaître un copain ou un voisin, attirer une petite amie, protéger leur nid, défendre leur territoire contre les ennemis, s'avertir de la présence d'un prédateur. Chaque oiseau a sa propre voix. Son répertoire de choix et ses vocalises lui permettent de communiquer avec des individus de son espèce. Les appels simples, généralement courts, sont produits aussi bien par les femelles que par les mâles, durant toute l'année. Les chants longs et compliqués en revanche, sauf exception, sont émis uniquement par les mâles à la saison des amours.

Les singes se disent plein de choses en hurlant. Pour bien se faire comprendre, ils accompagnent leurs cris de gestes et de grimaces. Les chimpanzés communiquent à distance en tapant sur les troncs d'arbres, et ils ont un langage d'au moins 66 signes que nous ne comprenons pas encore tous. Le mâle mâchouille des feuilles avec les dents pour attirer l'attention d'une femelle, empoigne vivement un compère pour dire « arrête ça tout de suite ! », se gratte fébrilement le corps pour « épouille-moi si tu peux », donne un coup du revers de la main pour « bouge toi de là que je m'y mette », montre la plante des pieds pour « monte sur mon dos ». Les mandrills, cousins des babouins aux visages bariolés de couleurs vives, intriguent les chercheurs par leur façon de se mettre au diapason : non seulement ils sont capables d'identifier au son de la voix des membres de leur famille qu'ils ne connaissent pas, mais plus ils passent de temps avec des copains dans un groupe, plus leurs intonations se ressemblent. Preuve qu'ils héritent des cris de leurs parents, mais en apprennent de nouveaux, aussi, qu'ils transmettent ensuite à leurs enfants.

Les éléphants communiquent par des barrissements
et ils ont beaucoup de conversations. Ils utilisent toute une gamme de grondements qui vont des aigües aux très graves que nos oreilles n'entendent pas, parce que ce sont des « infra-sons ».
Quand ils se parlent de loin, on dirait même des bruits de camion !
Leurs appels se diffusent aussi par le sol à de très grandes distances et atteignent d'autres troupeaux qui les captent non seulement avec leurs grandes oreilles mais sans doute également avec leurs pieds. Ils peuvent parler à plusieurs individus à la fois, répartis sur une large surface, et dès que l'un arrête son barrissement, un autre reprend, puis c'est au suivant et ils forment une chaîne.

Un chef dans un troupeau, on l'entend,
il sait se faire comprendre et quand il gronde « Allons-y ! », les éléphants quittent aussitôt l'abreuvoir. Ils peuvent être deux ou trois cents autour du point d'eau, quand sonne l'heure du départ, ils augmentent leurs vocalisations.

Il peut émettre plus de cent sons différents,
un éléphant ça communique énormément. En fait, il n'y a que les membres situés en haut de la hiérarchie qui participent à la conversation. Les plus bavards sont le chef de famille, son second et un troisième. Chez eux, ce sont souvent les vieilles femelles qui commandent et elles ne sont pas muettes ! La matriarche force le respect, par son grand âge et sa sagesse. Elle sécurise et elle stabilise le groupe.

Plus on les écoute, plus on les comprend !
Les bêtes sauvages comme les animaux domestiques ont un langage qu'il faut savoir interpréter.

Mais nous seuls avons droit à la parole.
Nous articulons des mots en les assemblant pour construire de belles phrases...

Et nous nous posons des questions, sur son rôle.
Des mots, nous en avons plein la tête et nous les sortons à la première occasion mais pas n'importe comment. Nous avons du vocabulaire, une grammaire et des règles qui sont différentes selon les pays. La langue nous permet d'exprimer nos idées par la voix. Nous pouvons dire ce que nous pensons mais aussi taire des choses ou en inventer, faire des petits et des grands mensonges.

Sa naissance, ou encore le sens des mots de notre langue, nous cherchons à les comprendre. Quand, comment, où, avons-nous commencé à parler ? On ne le sait pas encore, mais peut-être que les animaux pourront nous le dire... Leur manière de communiquer ne ressemble-t-elle pas à la notre à nos débuts ?

Boris Cyrulnik

La comparaison entre les espèces permet de remettre l'homme à sa place. En observant les animaux, on arrivera peut-être un jour à comprendre l'apparition et le développement de notre langage, mais aussi la force et l'importance de la parole dans le monde humain. Il existe une manière de s'exprimer universelle, commune à tous, proche de celle des animaux. Mais il y en a une deuxième qui est le propre de l'Homme civilisé, elle fait partie de sa culture. Le plaisir des mots bouleverse les hormones du cerveau. On voit comment un discours se prépare dans la tête, comment le choix des mots pour raconter une histoire ou un événement révèle l'interprétation qu'on en fait, comment la parole peut nous changer en jouant sur les émotions.

CHAPITRE 5

Jeux, mensonges et rodéos

Cabris dans les troupeaux,
Singes en forêt, ou au zoo,
Phoques sur la banquise,
Les animaux jouent à leur guise,
Prenant le risque de se faire manger,
Empêchant tout le monde de chasser.
Ils dépensent beaucoup d'énergie
En glissades, pirouettes, acrobaties,
Et si besoin ils mentent aussi...
Ont-ils conscience de ce qu'ils font ?
Quand ils trompent les amis, détournent leur attention,
Ou lorsqu'ils courent comme les chiens après le ballon.

Cabris dans les troupeaux ne tiennent pas en place. Vifs et espiègles, ils savent ce qu'ils veulent et n'en font qu'à leur tête. Les petits malins adorent s'amuser en liberté. Curieux de nature, ils ouvrent les portillons, franchissent les barrières. Les chèvres ne suivent pas systématiquement leurs compagnes et leurs compagnons comme des moutons. Seulement elles n'ont ni crocs ni griffes pour se défendre et choisissent la fuite en cas de danger. Quand elles rencontrent le loup au cours d'une escapade comme la petite chèvre de Monsieur Seguin, elles se font dévorer.

Singes en forêt, ou au zoo, nous ressemblent beaucoup et quand ils sont jeunes ils font les fous. Lorsqu'ils se bagarrent, les mamans les laissent gérer seuls leurs conflits. Elles n'interviennent pas, pour qu'ils deviennent autonomes.

Phoques sur la banquise et surtout leurs bébés nageurs, sont joueurs... Les jeunes aiment approcher les plongeurs, se laissent gratter la tête, le cou, le ventre et s'amusent beaucoup. Quand ils deviennent vieux, ils fuient les humains, même si ces derniers les appellent « chiens des mers ».

Les animaux jouent à leur guise
quand ils sont petits, mais une fois adultes ils se méfient.

Prenant le risque de se faire manger,
les jeunes se laissent prendre à leurs jeux.

Empêchant tout le monde de chasser,
les sauvageons se courent après... Ils se mettent dans les pattes des grands et les agacent énormément. Sauf les mamans qui les surveillent de loin...

Ils dépensent beaucoup d'énergie à autre chose que se nourrir, on se demande bien pourquoi. Dans la nature c'est risqué, on peut tomber nez à nez avec un prédateur qui apprécie la chair fraîche, tendre et facile à se mettre sous la dent...

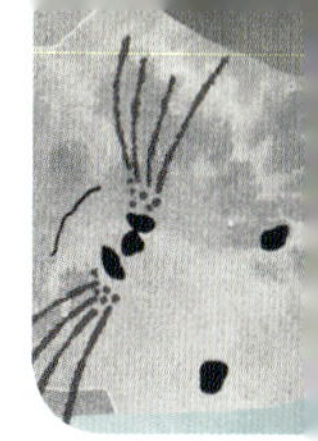

En glissades, pirouettes, acrobaties, les animaux se défoulent sur la glace ou dans la forêt... En captivité, les pandas font de la balançoire et du toboggan comme les cochons d'Inde et les rats.

Et si besoin ils mentent aussi et les primates ont été pris en flagrant délit de tromperies. Chez pas moins de 24 espèces de singes et de grands singes, les chercheurs ont remarqué que ceux qui ont l'habitude de coopérer ont tendance à ne pas toujours communiquer la vérité. Lorsque le babouin est poursuivi par le chef du groupe parce qu'il maltraite un petit, il s'arrête brusquement, se dresse sur ses pattes arrière et fixe l'horizon comme s'il apercevait un prédateur ou un troupeau ennemi... Le chef, inquiet, l'imite et oublie de faire le gendarme.

Ont-ils conscience de ce qu'ils font ?
On ne peut pas l'affirmer, tout ce qu'on sait c'est que le mensonge présente pour le menteur des avantages et il est souvent utilisé dans la nature. Même les petites bactéries envoient des signaux trompeurs pour se faire de la place...

Quand ils trompent les amis, détournent leur attention,
les menteurs peuvent s'accaparer de la nourriture ou une femelle convoitée. Certaines araignées mâles apportent à une dame rencontrée sur la toile, des moucherons souvent emballés dans des cocons comme on nous offre des chocolats. Pendant qu'elle ouvre son cadeau, il en profite pour la prendre dans ses pattes avec le risque que la très grosse gourmande le mange. Les pauvrettes n'ont rien dans le crâne alors que les animaux domestiques font travailler leur matière grise à notre contact... Les chats de toutes les races sont joueurs et ils feintent, s'amusent avec des bouts de ficelle.

Ou lorsqu'ils courent comme les chiens après le ballon,
ils perdent le contrôle… Alors que les bons toutous cherchent surtout à faire plaisir à leur maître. Ils ne font pas semblant, quand ils aiment, ils aiment vraiment…

Boris Cyrulnik

Les animaux mentent, ils manipulent le corps et l'esprit des autres. Mais ils le font pour obtenir des résultats immédiats. Ils détournent l'attention d'un rival ou rusent pour échapper à un poursuivant. Jusqu'où peuvent-ils aller dans le mensonge ? On ne sait pas encore, ce qui est sûr c'est qu'ils ne sont pas mythomanes pour deux ronds. Un animal n'essaie pas de donner une image glorieuse de lui ou de masquer la triste réalité de son quotidien désespérément banal. Il ne se raconte pas d'histoire, il ne se fait apparemment pas d'illusions et ne s'invente pas un monde.

CHAPITRE 6

Papa, maman, et moi

Même si on a l'impression que c'est le bazar,
Chez les animaux rien ne se fait au hasard.
Dans la jungle pour le «mariage» il y a des lois,
Les mamans, les papas ne font pas n'importe quoi.
Chaque espèce a ses règles, ses favoris,
On n'a pas des petits avec n'importe qui.
Le gorille des montagnes doit avoir le dos «argenté»
Pour avoir de nombreuses femelles à ses côtés...
Mais il suffit de peindre ses poils du dos en blanc
Pour qu'il devienne sur le champ dominant !
Chez nous il y a des rituels et aussi des traditions.

Même si on a l'impression que c'est le bazar,
il y a des règles de conduite dans la nature.

Chez les animaux rien ne se fait au hasard,
tous obéissent à des exigences qui dépendent de leur milieu.
Dans la forêt, le désert ou au fond de la mer, ils s'adaptent
à leur environnement pour survivre et avoir des enfants.

Dans la jungle pour le «mariage» il y a des lois qui ne sont pas
les mêmes pour tous et on ne les connaît pas encore toutes.
Ce qui est sûr, c'est que chacun doit se nourrir et se reproduire
pour garder sa petite place au soleil...

Les mamans, les papas ne font pas n'importe quoi, n'importe quand et chez la majorité des serpents, quand les mâles ont fini d'hiberner, ils rampent vers les femelles. Si plusieurs candidats se présentent, ils font semblant de se battre ou se mordent vraiment et seul le vainqueur aura des serpenteaux. Les cerfs se servent de leurs bois dans leurs combats à l'automne. Il n'est pas rare que le plus faible les perdent dans la bataille, tandis que le plus fort garde, non seulement les siens, mais aussi la biche avec laquelle il aura un bébé faon au printemps suivant. Chez les choucas, corneille des clochers, si une femelle est courtisée par un mâle de haut rang, elle grimpe les échelons de la hiérarchie et elle adopte des comportements d'animal dominant.

Chaque espèce a ses règles, ses favoris et sa saison des amours. Le Grand corbeau refait son nid chaque année au printemps, et l'élue qu'il prend sous son aile couve les œufs pendant que lui la ravitaille. Généralement, ils restent ensemble pour la vie et ils ont de nombreux petits corbillats qui quittent le nid familial au bout de 40 jours environ. Le couple continue à les nourrir pendant les six mois qui suivent leur envol. Il arrive aussi qu'en l'absence de son partenaire, la dame Corbeau, reçoive la visite d'un autre oiseau en habit noir avec des reflets bleutés. Il est brillant, intelligent et elle ne lui résiste pas.

On n'a pas des petits avec n'importe qui

et les femelles oiseaux qui sont en général discrètes et ternes pour pouvoir couver en paix, ont une préférence pour les mâles aux plumages luisants, vifs et colorés. Les rencontres se font au sol ou sur les branches, dans l'eau comme les canards ou dans les airs en vol comme les martinets et c'est la course à celui qui sera le plus éblouissant, le plus extravagant, le plus criard. Ils prennent d'énormes risques pour plaire... Le paon fait la roue avec une queue aux ocelles scintillants qui gêne ses mouvements et, même repliée, l'empêche de marcher ou de voler correctement. Elle fait de lui une proie facile pour les oiselles mais aussi pour les prédateurs...

Le gorille des montagnes doit avoir le dos « argenté »,

pour séduire ses compagnes dans les brumes. Elles n'ont leur premier petit que vers 10 ans, un nouveau-né à la peau rose, couvert de duvet, fragile comme pas deux. Ultra protectrice, la maman nourrit son gorillon au sein et le dorlote jusqu'à sa troisième année avant de le chasser du nid qu'ils partageaient tous deux chaque soir... Enfin libre, elle peut avoir un autre petit, elle en attend un tous les quatre à cinq ans.

Pour avoir de nombreuses femelles à ses côtés,

le gorille dominant exhibe ses muscles et ses poils blancs.
Il a une force colossale et son dos gris argenté plaît à ces dames.
Dans les groupes, il y a toujours une hiérarchie à respecter.
Chaque individu connaît sa place et reconnaît celui qui l'a battu au cours d'une compétition ou celui qui a quelque chose en plus.
Il le prend pour le chef et lui cède tout, y compris les femelles.

Mais il suffit de peindre ses poils du dos en blanc
pour que le gorille ait du succès, les chercheurs ont essayé et le résultat était épatant : tous étaient à ses pieds !

Pour qu'il devienne sur le champ dominant, le gorille doit avoir des poils blancs alors que le chimpanzé, pour intimider le groupe, les hérisse en montrant les dents, frappe le sol, tape les troncs, agite des branches ou un bâton. Un jour, Mike, un grand singe de classe moyenne, a réussi à voler un bidon vide, ce qui lui a permis de changer de rang, tambour battant, en impressionnant fortement sa troupe. Il lui suffisait de frapper le bidon ou de le traîner par terre pour que le bruit fasse taire les contestataires. Il a pu imposer ses désirs et les satisfaire, il est devenu rapidement dominant avec un poil plus brillant et une vie confortable. Désormais, il pouvait compter sur les siens qui ont continué à s'accroupir et à lui faire des révérences jusqu'au sol, même lorsque les zoologues lui ont repris son bidon.
Chez ces grands singes là, lorsque le chef croise un subordonné, celui-ci s'écarte ou touche doucement ses lèvres, sa cuisse ou l'entre-jambe pour faire acte de soumission...

Chez nous il y a des rituels et des traditions aussi qui changent selon les pays et les continents. Chaque région a ses costumes et ses coutumes. Nous avons, en plus des animaux, une grande culture qui se traduit par des usages qui, dans certains coins de la planète nous paraissent bizarres, bizarres. En Chine, chez les Yugur, le futur époux doit tirer à l'arc sur sa future épouse. Dans les Highlands en écosse, on jette de la mélasse, de la suie et de la farine sur la tête des mariés pour éloigner les mauvais esprits. Dans une tribu de Bornéo, ils ne doivent pas se laver pendant trois jours.

Boris Cyrulnik Les sociétés animales sont fondées sur une hiérarchie et des comportements si impeccablement ritualisés qu'ils leur permettent de vivre ensemble sans violence. Grognements, mouvements du corps, relèvements des babines, léchages, remettent les individus à leur place. Pour exprimer sa soumission au dominant, chaque espèce a ses propres gestes qui stoppent l'agressivité à l'intérieur du groupe. Le loup montre son ventre, baisse la tête, la queue entre les pattes et devient un mouton face au chef de la meute. De nombreux primates ont résolu les tensions entre mâles en réservant les femelles aux membres dirigeants. Tous les animaux ont un comportement de reproduction adapté à leur environnement et ils pratiquent plus ou moins efficacement la régulation des naissances. Lorsque le pâturage fait défaut, les femelles gazelles sont moins fertiles. Quand les lapines sont entassées dans des cages à lapins, elles n'ont pas de lapereaux et ceux qu'elles portent sont naturellement éliminés ou résorbés dans leur ventre.

Chapitre 7

À la vie, à la mort

Les dauphins dans la mer transportent les corps,
Comme nous, ils ont du mal à accepter la mort.
Quand un des leurs a perdu la vie,
Sur la gueule des gorilles la tristesse se lit.
Les chimpanzés peuvent observer une minute de silence,
Les chiens ont beaucoup de mal à se remettre de l'absence.
Les éléphants sombrent dans le désespoir
Ils ont de la mémoire...
Quels souvenirs gardent-ils du disparu ?
Le deuil fini, n'y pensent-ils plus ?
Les animaux reconnaissent le mort,
Mais que savent-ils vraiment de la mort ?

Les dauphins dans la mer transportent les corps des morts... En 2015, des chercheurs ont observé quatre adultes traînant un delphineau sur leur dos, sans vie. La cérémonie funèbre pour le bébé a duré une demi-heure, c'était assez, mais d'autres cétacés ont porté un mort dans l'eau pendant plusieurs jours avant de se résoudre à l'abandonner.

Comme nous, ils ont du mal à accepter la mort.

Toutes les espèces qui vivent ensemble groupées pendant de longues années doivent faire le deuil de celui qui les a quittées...

Quand un des leurs a perdu la vie, les animaux sensibles se montrent très affectés. Qu'ils soient en liberté ou en captivité, ils sont touchés.

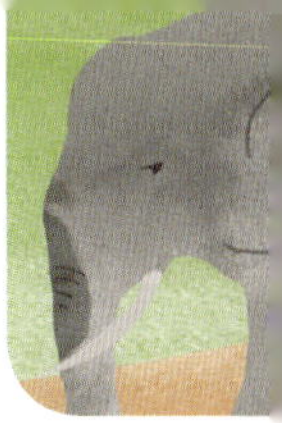

Sur la gueule des gorilles la tristesse se lit, et ils peuvent éprouver beaucoup de peine même si le mort n'est pas de leur famille. Comme Koko, une femelle élevée aux États-Unis par l'éthologue Penny Patterson qui lui a appris le langage des signes et lui a offert un petit chat en cadeau pour qu'elle se sente moins seule. La guenon surdouée qui connaît maintenant plus de mille mots sur le bout des doigts, avait appelé son animal de compagnie « All ball ». Manque de chance la boule de poils a roulé sous les roues d'une voiture... Quand on lui a annoncé : « le petit chat est mort », la guenon a fait plusieurs fois de suite les signes « Malheureux », « triste », « fronce les sourcils », « pleurer ». Une fois seule dans sa cage, elle a laissé libre cours à son chagrin et elle a pleuré pour de bon. Pour son quarante quatrième anniversaire en Juillet 2015, elle a reçu un carton plein de chatons, elle les adore et caresse délicatement ses deux préférés, Lorsque sa maîtresse l'a interrogée « Où vont les gorilles quand ils meurent ? », Koko a répondu «un trou écarté, confortable » et à la question suivante « sont-ils heureux, tristes, effrayés ? », elle a répliqué « Ils dorment ». Un vrai dialogue dans la langue des sourds!

Les chimpanzés peuvent observer une minute de silence et plus. Eux qui sont d'ordinaire très bruyants, deviennent brutalement muets. Dans une réserve en Écosse, les derniers jours d'une femelle âgée ont été filmés. Son groupe, très silencieux, très attentionné, lui prodigue des caresses et la toilette. Quand ça a été terminé, tous se sont éloignés et seule sa fille adulte est revenue auprès de sa mère morte pour la veiller toute une nuit. La célèbre primatologue Jane Goodal qui a passé des années en compagnie d'animaux sauvages dans la jungle d'Afrique de l'Ouest a surpris un jeune de 8 ans allongé à côté de sa maman décédée, en train de la toucher et de vocaliser. On a aussi vu une femelle chimpanzé porter le corps de son fiston mort pendant 27 jours.

Les chiens ont beaucoup de mal à se remettre de l'absence et ils essaient de réanimer le mourant. Qu'il soit chien ou humain, ils accompagnent ses derniers moments, le lèchent, le reniflent, jappent… Ils sont surtout attachés à leur maître et si par malheur, ce propriétaire bien-aimé meurt, ils perdent le goût de vivre, ne mangent plus, dépriment…

Les éléphants sombrent dans le désespoir face à la mort d'un proche. Ils l'entourent, tournent en rond, s'arrêtent, se mettent dos à dos, la trompe pendante, remarchent en cercle, se retournent à nouveau. Quand ils sont sûrs de ne plus jamais le revoir sur pied courir dans la forêt, ils arrachent des branches et des touffes d'herbe, les posent sur son corps ou les disposent autour de lui…

Ils ont de la mémoire, ils sont connus pour ça. Pierre Pfeffer, un zoologiste a assisté à des retrouvailles entre une mère et son fils qui ne s'étaient pas vus depuis des années. Ils appartenaient à des groupes séparés, mais la maman, en voyant son fils, a quitté sa troupe pour se précipiter vers lui et barrir joyeusement dans ses oreilles… Les pachydermes ont des liens étroits, ils se soutiennent et ne s'oublient pas. Babyl, une éléphante handicapée qui a du mal à marcher le sait, elle peut compter sur les siens dans sa réserve du Kenya, ils ralentissent le pas et si nécessaire, s'arrêtent pour l'attendre.

Quels souvenirs gardent-ils du disparu,
on a du mal à savoir, car les animaux ne parlent pas le même langage que le nôtre.

Le deuil fini, n'y pensent-ils plus ?
Même s'ils se rendent compte de la place vide dans le troupeau laissée par la mort d'un des leurs, il peut se refermer très vite. Difficile de savoir ce que les animaux ont dans la tête, et s'ils gardent longtemps le souvenir de l'absent.

Les animaux reconnaissent le mort, mais savent ils seulement qu'ils sont vivants ? Lequel en se regardant dans le miroir devine que ce qu'il voit c'est lui-même, pas un autre ? Si on peint une tache de couleur sur leurs poils, leurs plumes, leur bec ou leur museau, dauphins, éléphants, orang outans, perroquets gris, pie bavardes, corbeaux, se touchent à l'endroit de la marque et essaient parfois de l'effacer, preuve qu'ils ont au moins une petite idée d'eux-même... En dehors de Koko, rares sont les gorilles qui réussissent ce test, mais chez ces herbivores qui passent des journées entières à mâchouiller des feuilles, se fixer dans les yeux est un signe d'agressivité, et ils évitent de se regarder dans la glace. En revanche, les chimpanzés contents d'eux, prennent le miroir pour s'admirer le derrière, preuve qu'ils ont une conscience très poussée de leur corps...

Mais que savent-ils vraiment de la mort ?
On l'ignore, ce qui est sûr c'est qu'ils la fuient comme la peste et sentent venir de loin le danger...

Boris Cyrulnik

Les animaux perçoivent la mort et cela les inquiète beaucoup. J'ai le souvenir d'un groupe de singes resté complètement silencieux et hébété plusieurs semaines après la noyade d'un des leurs. Eux dont les cris ont un sens, ne « parlaient » plus. Ils étaient désorganisés par LE mort. Mais qu'ils se représentent LA mort, c'est moins sûr, il faut des capacités qu'ils n'ont peut-être pas. Pour se rendre compte que quelqu'un ne reviendra pas, on doit pouvoir garder en mémoire l'expérience de quelque chose qui a totalement disparu, savoir associer l'avenir au passé, comprendre qu'un retour en arrière n'est pas possible. Il faut des capacités intellectuelles que les enfants comme toi n'acquièrent pas avant l'âge de 6 ou 8 ans. Les animaux qui ont comme nous un cerveau avec un grand lobe préfrontal connecté au circuit des émotions, pressentent la représentation de la mort : ils ont la même représentation du temps que les petits enfants qui pensent que leur grand-père ou leur grand-mère disparus sont partis très loin, ailleurs, sur un nuage, et qu'il suffit d'attendre pour qu'ils reviennent.